Palabras de Aliento para una Mujer conforme al Corazón de Dios®

Elizabeth George

Ilustrado por Judy Buswell

EDITORIAL UNILIT

Sepa

Palabras de aliento para una mujer conforme al corazón de Dios®

© 2005 Editorial Unilit
1360 North West 88th Avenue
Miami, FL 33172

Primera edición 2005

Título del original en inglés:
Encouraging Words for A Woman After God's Own Heart®
Publicado por Harvest House Publishers
© 2004 por Elizabeth George

Traducción: Nancy Pineda

A menos que se indique lo contrario, las citas bíblicas se tomaron de La Santa Biblia Nueva Versión Internacional. © 1999 por la Sociedad Bíblica Internacional.
Las citas bíblicas señaladas con RV-60 se tomaron de la Santa Biblia, Versión Reina Valera 1960. © 1960 por la Sociedad Bíblica en América Latina.
Las citas bíblicas señaladas con LBLA se tomaron de la Santa Biblia, La Biblia de Las Américas. © 1986 por The Lockman Foundation.
Las citas bíblicas señaladas con LBD se tomaron de la Santa Biblia, La Biblia al Día.
© 1979 por la Sociedad Bíblica Internacional.

Todas las obras de arte reproducidas en este libro son propiedad registrada por Judy Buswell y certificadas por MHS Licensing, Minneapolis, Minnesota, y no se pueden reproducir sin permiso.

Partes de este texto aparecieron antes en *Una mujer conforme al corazón de Dios*, de Elizabeth George (Editorial Unilit, 2001) y *El llamado supremo de la mujer* de Elizabeth George (Editorial Unilit, 2003).

Producto: 485411
ISBN: 0-7899-1342-9
Categoría: *Vida cristiana /Mujeres /Oración*

Impreso en Colombia
Printed in Colombia

Contenido

Palabras de Aliento para tu Corazón

Ama al Señor tu Dios con todo tu corazón, con todo tu ser, con todas tus fuerzas y con toda tu mente.

Lucas 10:27

Haz que cuente cada minuto

Pero solo una es necesaria.
María ha escogido la mejor,
y nadie se la quitará.

LUCAS 10:42

*L*o había hecho miles de veces antes, pero hace dos días fue diferente. Me refiero a la caminata que hago cada día a la hora del rocío de la mañana. Mientras recorría mi vecindario, me percaté de una mujer, es probable que cerca de los ochenta años, caminando por la acera junto al parque. Tenía un andador de aluminio y era evidente que había sufrido una apoplejía. También estaba un poco encorvada, una reveladora señal de osteoporosis.

¿Qué hizo que este paseo fuera diferente para mí? Pues bien, justo tres días antes enterramos a la madre de mi esposo. Lois estaba cerca de los ochenta años cuando Dios la llamó a su hogar para estar con Él... y Lois usaba un andador de aluminio... y Lois sufrió de osteoporosis... y Lois, también, experimentó una ligera apoplejía. Todavía afligida por nuestra reciente pérdida, estaba un poco deprimida incluso antes que divisara a esta mujer que me hacía recordar a Lois.

Mientras observaba a esa querida y valiente mujer luchando para caminar y recordaba la batalla de Lois contra el cáncer y la neumonía al final de su vida, me daba cuenta de que miraba una dura realidad. Cada una de nosotras tiene un cuerpo que algún día nos fallará; y ese «algún día» no necesariamente está muy lejos. Además, una vez más recordé con claridad de cuánto deseo que cada día y cada minuto de mi vida cuente en verdad.

Querida, sé que tú quieres lo mismo. Y he aquí esperanza y consuelo: Lois fue una mujer conforme al corazón de Dios. Escogió la mejor parte, la cual nadie se la quitará. Escogió vivir cada día por Dios. Amó a Dios, adoró a Dios, caminó con Dios, sirvió a Dios. Nos mostró lo importante que es escoger a Dios y seguirlo... de todo corazón... cada día... mientras vivamos. Cada día, y cada minuto, cuenta cuando nos consagramos a Dios.

Padre de toda vida...

Gracias por cada nuevo día.

Ayúdame a vivir cada minuto

con un corazón consagrado a ti.

Nuestra receta para la piedad

Esmérate en seguir la justicia, la piedad,
la fe, el amor, la constancia y la humildad.

1 TIMOTEO 6:11

El observar a mis hijas convertirse en mujeres responsables ha sido un constante deleite para mí como madre. Ahora que ya son adultas y se aventuran por su cuenta, espero y oro que les haya dado suficientes cosas esenciales en las cuales forjar sus vidas: los conceptos básicos de la fe cristiana, de la economía doméstica y de la cocina. Una noche, sin embargo, no estaba tan segura.

Durante varios años Katherine disfrutó de la diversión y el compañerismo de compartir un apartamento con otras

jóvenes de nuestra iglesia. Parte de la aventura era cocinar
para el grupo en sus noches asignadas. No obstante, cuando
comenzó a salir con su Paul, los dos se quedaban gran parte
de la noche en nuestra casa «pasando el rato» con Jim y conmigo. En una de esas noches Katherine decidió desempolvar
nuestra antigua y manchada receta, la favorita de siempre en
la familia, y hornear algunos bizcochos de chocolate y nueces
para finalizar nuestra noche. Debido a que por lo general los
hacía solo para Jim y para mí, ¡tenía muchos deseos de que
esos bizcochos se enfriaran lo suficiente para comerlos con
grandes vasos de leche fría!

Al final, cada uno tuvo un enorme y tibio bizcocho para morderlo, pero después de probarlo supimos que no podíamos darle un segundo mordisco. Algo faltaba. Sin desear herir los sentimientos de Katherine, nos turnábamos para mascullar algo así: «¡Huy!, estos saben diferentes...» o «Ajá, seguro que huelen bien...» y «Ah, Kath, gracias por hacernos los bizcochos». Por último, le pregunté si quizá dejara fuera algo. Con el mayor entusiasmo del mundo, dijo con alegría: «Ah, sí, ¡no les eché sal! En el apartamento he aprendido a cocinar sin sal. La sal es mala para nosotros». Esos bizcochos tuvimos que botarlos debido a que faltaba un solo ingrediente: una cucharadita de sal que impidió que fueran comestibles.

Al igual que la hornada de bizcochos requiere varios ingredientes para convertirse en lo que queremos que sean, varios ingredientes son clave para que nosotras lleguemos a ser mujeres conforme al corazón de Dios, ingredientes tales como la devoción a Dios, a su Palabra y a la oración. Sin embargo, existe un ingrediente más, tan importante como la sal de los bizcochos, que interviene para que tú y yo seamos íntegras, y ese es la obediencia. El corazón en el que Dios se deleita es el corazón dócil, cooperador y sensible a Él y sus mandamientos, un corazón que obedece. Esta, querida amiga, es nuestra receta para la piedad.

Padre de toda justicia...
Gracias porque revelaste en tu Palabra tu buena,
digna de aceptación y perfecta voluntad para mi vida.
Ayúdame a seguir tras de ti y tu voluntad
con todo mi corazón.

Nuestra fuente de paz

Tú guardarás en completa paz a aquel
cuyo pensamiento en ti persevera;
porque en ti ha confiado.

ISAÍAS 26:3 (RV-60)

Mi mente retrocede al pasado a un día en el que Jim y yo visitábamos a nuestra hija Courtney y a sus hijos. Su Paul acababa de partir en su primera gira en submarino... ¡durante noventa días! Jim y yo estábamos allí para aliviar en cierto modo la conmoción y ayudar a llenar el vacío que iba a crear su ausencia por semejante misión de la Armada de los Estados Unidos.

Todo andaba bien; en realidad, mejor de lo que cualquiera de nosotros había anticipado. Así que Jim y yo decidimos hacer algunas compras con el fin de traer a la casa algunas cosas para todos. Le dijimos a Courtney que no esperara por nosotros para almorzar, sino que siguiera adelante y la veríamos al regresar. Y nos fuimos.

Regresamos a la casa de Courtney a eso de las dos de la tarde y subimos las escaleras, dimos la vuelta y allí estaba ella (¡¿o debería decir allí estaba eso?!). Courtney estaba sentada en su mecedora con los pies sobre un escabel. Tenía las piernas envueltas con una manta y la Biblia abierta sobre su regazo. Sin embargo, eso no era ni la mitad. En el comedor, tengo que informar, ¡parecía que había estallado una bomba! El piso estaba sucio. La mesa estaba cubierta y embadurnada de comida y salpicada de leche. ¡Puede que hasta divisara algunos espaguetis colgando de la lámpara en lo alto y cayendo por los respaldos de las sillas! Toda la escena parecía una zona de guerra.

Jim y yo observamos los daños... y miramos a Courtney. Y entonces ella dijo: «No van a creer todo lo que sucedió aquí después que se fueron. Solo estaba sentada aquí tratando de calmarme y pidiéndole a Dios que me traiga a la memoria cuánto amo y deseé estos niños».

En lo personal, pienso que mi hija encontró una buena solución ese día en particular para su situación de la vida real como madre. Tuvo la gracia de saber que en ese momento estaban primero sus necesidades espirituales. Y tuvo el tino (repito, por la gracia de Dios) de detenerse, dejar las cosas como estaban y buscar al Señor por su paciencia, su paz y un espíritu sereno. Tengo que decir que ese día sentí mucho orgullo cristiano por Courtney. Parecía que había «adquirido» la comprensión del plan de Dios y su papel como madre cristiana.

Padre de toda paz... Gracias por tu paz
que sobrepasa todo entendimiento...
¡y mal entendimiento!
Ayúdame a confiar en ti a pie firme en todas las cosas.

Llenas y rebosantes

Que el Dios de la esperanza

los llene de toda alegría y paz a ustedes

que creen en él, para que rebosen de esperanza

por el poder del Espíritu Santo.

ROMANOS 15:13

¿Alguna vez has escuchado acerca de las «Siete Piscinas Sagradas» en la isla de Maui, Hawái? Tuve el privilegio de verlas en un viaje con la familia. Estas impresionantes piscinas se formaron en las rocas y los lechos de lava por la lluvia que desciende por las laderas de las montañas hacia el océano Pacífico. Originándose por encima de altitudes invisibles debido a las perennes nubes de lluvia, la fresca agua cae al suelo, llenando primero la piscina más alta. Cuando esa piscina en lo alto se llena, la lluvia que sigue cayendo hace que su contenido se desborde y caiga en forma de cascada a otra piscina debajo de la montaña. En cuanto se llena la segunda piscina, también se desborda... en otra un poco más abajo de la ladera... y otra... y otra... hasta que la última piscina derrama su contenido en la inmensidad del mar de Dios.

Mientras estaba parada con mi familia observando este maravilloso trabajo manual de Dios, pensaba en cómo esas siete piscinas nos ilustran la plenitud que podemos disfrutar, y el impacto de gran repercusión que podemos tener, cuando vivimos de acuerdo al plan de Dios.

Imagínate de nuevo esa piscina en la cima, en lo alto de esa montaña. Igual a esa primera piscina, velada con una neblina gris y oculta de la vista de otros, tú y yo disfrutamos nuestra vida oculta con Dios, la vida privada que nutrimos a la sombra de Él. Cuando estamos llenas de sus bondades, esa plenitud se desborda hacia la próxima piscina, el corazón de la persona más querida y cercana a nosotras: nuestro esposo. Luego ocurre de nuevo...

Esta cristalina piscina de amoroso servicio crece hasta caer en forma de cascada en los corazones de nuestros hijos, refrescando y abasteciendo sus tiernos corazones y llenando nuestro hogar con el amor de Dios y la belleza de la familia. Pronto, también, esta piscina se llena hasta desbordarse...

Y entonces las aguas corren al siguiente nivel donde se realizan los sueños, donde damos un vistazo a lo que Dios quiere que tú y yo hagamos para Él y su pueblo. A medida que nos sumergimos en esta fresca piscina de conocimiento, disciplina y preparación, sin duda el nivel del agua se eleva hasta el borde y va más allá de sus límites, derramándose en el ilimitado océano del ministerio de Dios.

Amada, cuando tú y yo somos fieles en ir tras el corazón de Dios, cuando atendemos y cultivamos cada aspecto de la vida según nos instruye, ¡el ministerio en el que Él nos utiliza puede tener un impacto inmenso!

Padre de todo amor...
Gracias por tu plan para mi vida.
Permite que mi vida esté llena y rebosante con tu amor.
Gracias porque cada buena obra hecha en tu poder
trae al mundo un ministerio inconmensurable.

Cómo se cultiva un jardín

Pedimos que [...]
vivan de manera digna del Señor,
agradándole en todo.
Esto implica dar fruto en toda buena obra,
crecer en el conocimiento de Dios.

COLOSENSES 1:9-10

Me gustaría que vieras el encantador y tranquilo jardín campestre de mi amiga Judy. Durante los últimos años, le ha añadido mucho para que sus visitantes queden mudos de asombro. Una de esas adiciones es la pérgola con sus rosas iceberg que se han adueñado del lugar.

17

Cada vez que me paro en el porche de Judy, mis ojos recorren primero la atractiva pérgola, un pintoresco recuerdo de tiempos pasados. ¡El deseo de pasear por el sendero de gravilla apisonada que pasa a través de esta mágica abertura es irresistible! Un deleite para los sentidos, esta elegante pérgola de rosas provee suave fragancia, fresca sombra y refrescante belleza; y yo no soy la única que me acerco. Los pájaros, las mariposas y el gato del vecino se van también allí. A todas las criaturas, grandes y pequeñas, les encanta la pérgola de rosas de Judy.

Está de más decir que algo así tan bello no es de ningún modo por accidente, ni pasó al instante. Mucho tiempo y atención intervinieron en la creación de este encantador retiro del jardín, y continúan el tiempo y el esfuerzo. Judy trabaja mucho para atender su pérgola; en primer lugar, es fiel al abonar, labrar y regar en las tranquilas y frías primeras horas de la mañana. Luego, echando mano a sus afiladas y grandes tijeras del cobertizo, Judy comienza la laboriosa rutina de cortar los rebeldes retoños, podar los brotes innecesarios y eliminar las flores muertas. La realización de esta operación: eliminar cualquier cosa que pudiera impedir la formación y el desarrollo de las rosas, es una tarea crucial. Todavía hay que hacer una meticulosa preparación, y Judy la hace clavando tachuelas y atando con alambre sus rosas, entretejiendo las ramas y las flores sueltas, dirigiendo y redirigiendo su desarrollo con cuidado.

Al igual que el jardín de Judy, tú y yo disfrutamos de belleza en nuestra vida cuando trabajamos con la misma diligencia y deliberada manera. A medida que podamos las acciones y los hábitos innecesarios en nuestra vida y volvemos nuestro enfoque a lo que es santo y valioso, la floreciente belleza de nuestra fe se convierte en un ejemplo de la bondad de Dios. Así es cómo se cultiva un «jardín de la gracia de Dios».

Padre de toda gracia...
Gracias por la belleza de un jardín
atendido con sumo cuidado.
Que mi vida muestre la gracia de tu presencia,
la vitalidad de un andar contigo lleno de vida
y la salud de una mujer de fe espiritualmente fuerte.

Judy Buswell
© 1995

El esplendor de la fidelidad

Que la belleza de ustedes no sea la externa, que consiste en adornos
[...] Que su belleza sea más bien la incorruptible, la que procede de
lo íntimo del corazón y consiste en un espíritu suave y apacible.
Esta sí que tiene mucho valor delante de Dios.

1 PEDRO 3:3-4

*M*ary Jane es la pianista de mi iglesia, y no solo he tenido el privilegio de escucharla tocar el piano durante veintisiete años, sino también de observar su vida. ¿Sabes?, el «lugar» de Mary Jane en nuestros cultos de adoración está en la plataforma. Es una gran plataforma, y muy notoria: *justo allí en lo alto* delante de todos *y justo allí* bajo luces resplandecientes. Y allí se sienta Mary Jane. Ese es su lugar.

Y, sin embargo, tengo que decirte que casi ni me percato de Mary Jane. (Y, como pronto verás, ¡esto es un elogio para ella!) ¿Por qué? Porque Mary Jane sirve al Señor. No actúa. La misma Mary Jane es adoración al Señor. Está «actuando» en su servicio al Señor. Y está en su presencia. Ella sabe eso, y de algún modo nosotros en la congregación lo sabemos también. Su comportamiento es sagrado porque su papel es sagrado y su adoración es sagrada.

Durante años (porque nunca me había encontrado con ella) nunca le escuché decir una palabra a Mary Jane. Y hay algunas otras cosas que también desconocía. En veintisiete años de observarla en la plataforma, nunca la he visto hacer una entrada «majestuosa», aunque sube y baja los escalones de la plataforma de adoración cada semana. Debido a su condición, y debido a la solemnidad de la ocasión del culto de adoración, a duras penas reparo en Mary Jane.

Y entonces un día conocí a Mary Jane. Ahora la conozco bastante bien. ¿Y sabes qué? Todo acerca de su vida privada se ajusta con la imagen que veo en público. Es una dama. Es amable. Se preocupa por otros. Confía en el Señor y en los papeles que Él le ha dado en el hogar, en la iglesia y con los pequeños a los que enseña en la escuela. Desde luego, es simpática y es divertido estar con ella, pero posee una silenciosa seriedad, una seriedad arraigada en lo que es (una hija de Dios) y en lo que hace con su vida (le sirve a Él en todo lo que hace).

Le doy gracias a Dios con regularidad (y de seguro cada domingo) por Mary Jane. En ella Él me ha dado un ejemplo vivo de una mujer que me muestra muchas maneras de responder con fidelidad al supremo llamado de Dios a la piedad, y comportarme y conducirme de forma que le honre y le represente bien.

Padre siempre fiel...
Gracias que a ti te interesa más la piedad que la buena
apariencia. Permite que sea fiel a fin de adorarte
en espíritu y en verdad, de modo que te represente
de una manera honorable.

Un legado de amor

Jesús [...] anduvo haciendo el bien.

HECHOS 10:38

*N*uestra familia ha sido bendecida en gran medida por la madre de Jim. ¡Deberías escuchar la lista de Jim de las muchas «pequeñas cosas» que la querida Lois hizo por él! Para ser sincera, hizo que me fuera difícil ser esposa. ¿Por qué? Porque le gustaba su cocina y le encantaba llenar a

Jim y a su papá con sus manjares caseros. Y le encantaba lavar, deleitándose en restregar cada mancha de toda la ropa que vestirían sus dos «hombres». Y ese deleite se extendía a su apego por la plancha; lo cual se extendía a planchar las sábanas de Jim... ¡y hasta su ropa interior! (Ahora verás por qué fue un poco difícil para mí, que era una despistada, ¡venir detrás de ella como proveedora de cuidados de Jim!). Pero en serio, ¡la madre de Jim era una santa! Él tiene vívidos y cálidos recuerdos para toda la vida que se centran en el hogar de su niñez.

El amor de Lois encontraba su máxima expresión en su propio hogar hacia los más amados para ella. Y, como es cierto en cualquier vasija que está llena, su bondad se desbordaba hacia sus prójimos, esos en su iglesia y en su comunidad, incluso muchos misioneros alrededor del mundo. Más adelante, como viuda, Lois dejó su casa y se mudó para estar cerca de Jim y su familia... con el propósito de ministrarnos su amorosa bondad. Y, una vez más, los de la iglesia recibieron la abundancia de su bondad, mientras conducía para otras viudas hacia la iglesia, preparaba comidas y animaba a otros de palabras, así como en forma monetaria. No se le puede poner precio al legado de amor que dejó atrás Lois.

Sí, esas son «pequeñas cosas», pero son invaluables regalos de bondad y amabilidad ofrecidos por solo una pequeña niña piadosa... que creció y se convirtió en una pequeña esposa piadosa... que llegó a ser una pequeña madre piadosa... que se transformó en una pequeña suegra piadosa... que vino a ser una pequeña abuela piadosa... que se volvió en una pequeña viuda piadosa... que llegó a ser una pequeña santa piadosa cuyo impacto fue de tanta repercusión que la capilla de nuestra iglesia se llenó para su culto fúnebre con las personas que dieron testimonio de sus muchas «pequeñas» obras piadosas.

Es mi oración que este modelo de una vida piadosa dedicada a la piadosa bondad sea una realidad en mí también. Y pido lo mismo para ti, amada.

Padre de todas las «pequeñas cosas»...
Gracias por la magnitud de tu inefable regalo
de la salvación y la vida eterna
Ayúdame a extender el regalo de tu amor
a otros a través de una multitud de «pequeñas cosas».

Palabras de Aliento para tu Alma

Como el ciervo brama por las
corrientes de las aguas, así clama por ti,
oh Dios, el alma mía. Mi alma tiene
sed de Dios, del Dios vivo.

Salmo 42:1-2 (RV-60)

Renovación espiritual

Desea como niños recién nacidos,

la leche pura de la palabra,

para que por ella crezcáis.

1 PEDRO 2:2 (LBLA)

*U*n domingo por la mañana, me detuve en el patio de la iglesia para conversar con una persona que conozco hace mucho tiempo. Durante los veintitrés años que he estado en la iglesia, Sharon ha ayudado a mujeres como yo a crecer en las cosas del Señor y a cumplir sus prioridades. Sharon ha sido una anciana fiel y ha bendecido a muchos.

Mientras conversábamos esa mañana, parecía electrizante: resplandeciente, chispeante, fluyendo y crepitando con pujante vitalidad. Todo en Sharon ese día ponía en evidencia la dinámica vida que vivía en el Salvador y su entusiasta búsqueda del crecimiento continuo en Él. Todavía me la imagino con su amplia y radiante sonrisa y sus brillantes ojos con una energía interna. Sin contener su emoción, acentuaba de manera involuntaria su mensaje con gestos y ademanes.

¿Qué la emocionaba tanto? Pues bien, Sharon esperaba con ansias escuchar un orador muy especial al día siguiente. Apenas podía contenerse, y a juzgar por su euforia, ¡apuesto a que no durmió esa noche! Sus palabras salían a borbotones mientras explicaba que ya había asistido a un taller de fin de semana dirigido por este caballero y que fue el fin de semana más emocionante de su vida, el más estimulante que haya tenido jamás. Este maestro había llevado a Sharon a nuevas profundidades en la Palabra de Dios, en la comprensión de sus caminos y en su ministerio. Mientras hablaba, me di cuenta que estaba en la presencia de una mujer que crecía en conocimiento y amor de su Señor. ¡No es de extrañar que estuviera tan feliz y entusiasmada! ¡No es de extrañar que tuviera tanto que darles a otros! No es de extrañar que me sintiera bendecida por su ministerio de renovación espiritual.

Padre de toda vida espiritual...
Gracias por esos que pasan tu Palabra a otros.
Permite que crezca a fin de unirme a sus filas.
Que mi pasión por ti encienda un fuego
en los corazones y almas de otros.

La santa presencia de Dios

Una sola cosa le pido al SEÑOR *[...]:*
habitar en la casa del SEÑOR
todos los días de mi vida,
para contemplar la hermosura del SEÑOR.

SALMO 27:4

¡Qué banquete disfruté la pasada primavera cuando viajé con mi esposo Jim a Inglaterra a fin de asistir a la conferencia de misiones europeas de nuestra iglesia! Y un día en particular resultó ser el que me cambiara la vida. Verás, nuestro anfitrión organizó una excursión para nuestro grupo a la legendaria catedral de Canterbury en Kent, Inglaterra. La región de Kent tiene una rica historia cristiana que se remonta al año 597 d. C., a los días de San Agustín, y la catedral de Canterbury es la precursora de una de las más excelentes estructuras eclesiásticas en Inglaterra. Nunca he visto algo tan majestuoso.

De cualquier manera, mientras Jim y yo recorríamos los pórticos de piedra de veinticuatro metros de altura de la catedral y nos sentábamos en sus bancos centenarios a fin de captar las elevadas bóvedas, las imponentes columnas y los techos recargados de adornos, me di cuenta de la discreción del clero que atendía la iglesia y la gente que adoraba allí. Se movían de manera silenciosa, de una manera tan silenciosa que nunca nos distrajeron. Se movían en forma reverente, ni por un segundo olvidaban jamás que estaban en un lugar de adoración. Hablaban poco, si acaso lo hacían, y siempre en voz baja. Uno casi podía sentir su percepción de que estaban en la presencia de Dios.

Todo en nuestra visita a la catedral de Canterbury fue edificante en lo espiritual. ¿Por qué? Bueno, con seguridad la majestuosa arquitectura contribuyó a nuestra experiencia. Sin embargo, más que el lugar, las personas que allí servían y adoraban con reverencia inspiraron lo mismo en nosotros. De repente, comenzamos a susurrar. ¿Por qué? Ellos guardaban silencio... así que nosotros guardábamos silencio. Sin que lo notáramos, nuestro andar precipitado de turista se redujo a un paseo. ¿Por qué? Porque ellos se movían en silencio, reverencia y con adoración... así que nosotros lo hacíamos también. Uno no puede evitar orar en tal lugar. Repito, ¿por qué? Porque los asistentes a la iglesia parecían estar absortos en la adoración y en el Dios que servían... así que nosotros lo estábamos también.

Todo esto nos recordaba a Jim y a mí que no estábamos en un museo, ni en un modelo arquitectónico en buen estado. No, como dije, estábamos en un lugar de adoración. Y, de algún modo, el comportamiento reverente de otros nos llevó a una nueva percepción de la santa presencia de Dios. ¡Nunca olvidaremos esa maravillosa tarde de primavera en Inglaterra!

Padre que eres santo, santo, santo...
Gracias porque puedo disfrutar de tu presencia
por medio de tu Hijo Jesucristo.
Permite que mi comportamiento refleje tu presencia
y que tu presencia influya en mi comportamiento.

Atención a tus raíces espirituales

Dichoso el hombre [...]
que en la ley del Señor se deleita [...]
Es como el árbol plantado a la orilla de un río que,
cuando llega su tiempo,
da fruto y sus hojas jamás se marchitan.

SALMO 1:1-3

*L*a Biblia habla de «un tiempo para plantar», y para mi esposo Jim ese tiempo vino como resultado del enorme terremoto de 1994 que ocurrió mientras vivíamos en el sur de California. Una parte de la devastación experimentada

en nuestro hogar (solo a cuatro kilómetros del epicentro del sismo) fue la pérdida de nuestras cercas de bloques.

Después de un año de saludar a nuestros vecinos apenas a unos metros de distancia, fue una bendición tener de nuevo esas cercas en su lugar. No obstante, ¡los nuevos muros eran muy desolados! ¡Muy desnudos! Los antiguos eran atractivos, sazonados por el tiempo, cubiertos de rosas y hiedras trepadoras, sirviendo como brazos amistosos que abrazaban nuestro césped, patio, casa y a cualquiera que pasara por allí para disfrutar la belleza. Y ahora nos veíamos obligados a comenzar todo de nuevo. ¡Era nuestro tiempo para plantar!

Por lo tanto, Jim plantó... trece higueras pequeñas y trepadoras cuyo trabajo era el de suavizar la dureza de los nuevos muros. Doce de esas nuevas higueras brotaron obedientes a sus dedos mágicos y comenzaron la amistosa posesión del muro. Una planta, sin embargo, poco a poco se marchitó, se encogió, se secó y al final murió.

Al llegar a casa del trabajo un viernes por la tarde, Jim escogió una planta sustituta del vivero, se cambió de ropa, sacó nuestra pala y se inclinó sobre la higuera muerta, bien preparado para trabajar en la excavación del suelo a fin de colocar la nueva. Entonces, para gran sorpresa suya, no hizo falta la pala. Cuando tomó la planta, salió con facilidad del suelo. ¡No tenía raíces! Aunque la planta había disfrutado de todas las buenas condiciones sobre el suelo, algo le faltaba debajo de la superficie del terreno. No tenía el sistema de raíces vital para sacar del suelo la humedad y el nutriente necesario.

Este ejemplo del jardín describe una verdad espiritual para ti y para mí mientras Dios cultiva un corazón de fe en nosotras: debemos ser piadosas para nutrir nuestro sistema de raíces. Las raíces son determinantes en el vigor de una planta, y a la postre, su presencia o ausencia llega a ser evidente para todos. La planta florece o languidece, prospera o muere, se desarrolla o se marchita. La vitalidad de cualquier cosa, ya sea un jardín o un corazón devoto a Dios, refleja lo que sucede (¡o lo que no sucede!) debajo del suelo.

¿Qué estás haciendo para cuidar tus raíces espirituales?

Padre de toda gracia y conocimiento...
Gracias por el fruto que tú llevas en esos cuyas raíces están
arraigadas en la verdad. Permite que me deleite en atender mi
crecimiento espiritual a fin de que pueda florecer...
¡incluso en tiempos secos y difíciles!

El gran intercambio

Confía en el Señor de todo corazón,

y no en tu propia inteligencia.

Reconócelo en todos tus caminos,

y él allanará tus sendas.

PROVERBIOS 3:5-6

Si quieres, o necesitas, que te animen, aparta tiempo para pasarlo con Dios. ¿Por qué? Porque cuando tú y yo nos escapamos para estar con Dios en estudio y oración, recibimos. Entendemos. Nos da alas y nos alimentamos.

Aseguramos nuestra salud espiritual y nuestro crecimiento. Cuando pasamos tiempo con el Señor, Él nos suple con fortaleza y aliento en la búsqueda de sus caminos.

A este tiempo con Dios le llamo «el gran intercambio». Lejos del mundo y oculta de la vista pública, intercambio mi fatiga por su fortaleza, mi debilidad por su poder, mis problemas por sus soluciones, mis frustraciones por su paz, ¡y lo imposible por lo posible!

Vi la realidad de este gran intercambio en nuestro retiro anual de mujeres en nuestra iglesia. Mi compañera de cuarto y querida amiga estuvo a cargo de esta actividad, a la que asistieron unas quinientas mujeres. Karen enfrentó cada reto con gracia y puso su genio administrativo a funcionar con cada crisis. Sin embargo, noté que, cuando se acercaba el tiempo de comenzar cada sesión y el pánico crecía entre las organizadoras que esperaban que las cosas transcurrieran como una seda, Karen desaparecía. Mientras mujeres sin aliento, sudorosas y agotadas venían corriendo a nuestro cuarto preguntando: «¿Dónde está Karen? ¡Tenemos un problema!», ella no se podía encontrar por ninguna parte.

En una de esas misteriosas ocasiones divisé a Karen caminando por el vestíbulo del hotel con su carpeta del retiro y su Biblia de color vino en la mano. Había revisado con sumo cuidado los planes, el horario y los anuncios de última hora. No obstante, sentía la necesidad por una cosa más: tiempo a solas con Dios. Necesitaba considerar unas preciosas porciones de su fortalecedora Palabra y luego poner por completo nuestro retiro en las manos de Dios mediante la oración.

Más tarde, después que Karen reaparecía de su tiempo de recogimiento, no podía menos que notar el agudo contraste entre ella y las otras. Mientras se elevaba la ansiedad de las otras mujeres, Karen mostraba la paz perfecta de Dios. Mientras ellas se ponían nerviosas, preocupadas y extrañadas, Karen sabía que todo estaba, y estaría, bien. Mientras las otras decaían bajo la presión, la fortaleza de Karen, la fortaleza de Dios en Karen, resplandecía con un brillo sobrenatural. A escondidas y lejos de la multitud, intercambiaba sus necesidades por el suministro de Dios.

Ahora bien, ¿tienes necesidad de ánimo? Entonces busca al Señor... ¡y el poder de su fuerza! Pasa algún tiempo con Él.

Padre de toda compasión...
Gracias por alentarme en todos mis problemas.
Permite que recuerde mirar a ti por cada una de mis
necesidades e intercambiar mis preocupaciones por tu bienestar.

Confía y obedece

Deléitate en el Señor,

y él te concederá los deseos de tu corazón.

Encomienda al Señor tu camino;

confía en él, y él actuará.

SALMO 37:4-5

*U*na noche mientras leía, me impactó la narración de una mujer que deseba en serio ser una mujer de Dios. Se llamaba Irene y era una maestra de Biblia de mucha demanda. Su esposo Miguel, sin embargo, era un cristiano nominal que iba a la iglesia, pero no quería otra participación que no fuera esa. La lista de prioridades de Irene era más o menos así: #1) Dios, #2) Enseñar en estudios bíblicos para mujeres, y #3) La familia.

Un día el Señor le habló a Irene a través de un versículo en Efesios: «Esposas, estén sujetas, sean sumisas y adáptense, a sus esposos como (un servicio) al Señor» (5:22)[1]. Cuando vio este conocido versículo en una versión diferente, Irene se dio cuenta de que el servicio a su esposo era un ministerio, un servicio al Señor. Comenzó a evaluar en serio su vida y sus prioridades.

¿Amaba en realidad Miguel? ¿Lo ponía en primer lugar? Irene lo era todo para la comunidad cristiana que servía, pero no lo era todo para Miguel.

Después de mucha oración, Irene decidió abandonar sus actividades externas y comenzar a pasar más tiempo con Miguel. Cuando la iglesia le pidió que enseñara, lo rechazó. Cuando una amiga le pidió que dirigiera un estudio bíblico en casa, se negó. Se quedaba en el hogar con Miguel. Veía televisión con él, trotaba con él, jugaba a las cartas y hacía el amor con él. Irene se retiró del escenario en lo que concernía al ministerio cristiano visible.

Los dos años siguientes fueron dolorosos, como andar «en valles de sombras de muerte». Miguel siguió su cristianismo como siempre. Entonces a mediados del tercer año, algo conmovió a Miguel. Comenzó a dirigir devocionales y a enseñar un poco. Su compromiso con Cristo se solidificó y Dios comenzó a desarrollar en él un líder cristiano. Irene se dio cuenta de que si seguía en el centro de atención pública, Miguel se habría sentido demasiado amenazado como para aventurarse. Hoy en día, a insistencia de Miguel, enseñan juntos una clase para parejas[2].

Como esta fiel mujer confió en Dios y obedeció su Palabra, Dios cambió su corazón... ¡y su vida! Y Él puede hacer lo mismo por ti cuando confías y obedeces.

Padre de toda bendición...
En verdad, tus caminos no son mis caminos.
Desarrolla en mí un corazón de confiada obediencia
Ayúdame a desear más lo que deseas tú
que lo que deseo yo.

Cultiva un corazón de oración

Oren en el Espíritu en todo momento,
con peticiones y ruegos. Manténganse alerta
y perseveren en oración por todos los santos.

EFESIANS 6:18

*R*ecuerdo con mucha claridad un día especial en
particular. Era mi décimo cumpleaños espiritual y
un punto de cambio significativo.

Después que dejé a mis dos hijas en la escuela y a Jim en el trabajo, me senté en mi escritorio en el cuarto de estar, sola en la casa con el único sonido del tictac de nuestro reloj de pared. Descansando allí ante Dios y regocijándome de una década de ser su hija, rememoré esos diez años. Aunque a veces fueron difíciles, la gran misericordia de Dios, su sabiduría en cada circunstancia y su cuidado en guiarme y guardarme fueron muy obvios también.

Abrumada de gratitud, elevé mi corazón y oré: «Señor, ¿qué ves que falta en mi vida cristiana? ¿Qué necesita atención mientras comienzo una nueva década contigo?». Dios pareció responderme de inmediato al traerme a la mente un aspecto de gran lucha personal y fracaso: mi vida de oración.

Ah, había tratado de orar. Sin embargo, cada nuevo esfuerzo duraba, en el mejor de los casos, solo unos días. Apartaba tiempo para Dios, leía mi Biblia y luego inclinaba obediente mi cabeza, solo para murmurar unas palabras comunes que en esencia se resumían a: «Dios, por favor, bendíceme a mí y a mi familia hoy». Sin duda, Dios se proponía que la oración fuera más que eso, pero parece que yo no podía hacerlo.

No obstante, en ese cumpleaños espiritual extendí la mano para tomar un librito de páginas en blanco que mi hija Katherine me regaló por el Día de las Madres cuatro meses antes. Lo tenía sin uso encima de la mesita de la sala porque no sabía qué hacer con él. Entonces, de repente, supe con exactitud cómo ponerlo en uso. Con mucha decisión, convicción y deseo escribí tres palabras, directas de mi corazón, en la primera página: «Decido y me hago el propósito de pasar los próximos diez años (si el Señor lo permite) desarrollando una significativa vida de oración».

Esas eran palabras sencillas, escritas y oradas por un simple deseo dentro de mi corazón. De modo que ese día, esas sencillas palabras y ese librito en blanco dieron inicio para mí a una emocionante etapa en mi aventura de ser una mujer conforme al corazón de Dios. Mi nuevo compromiso a la oración puso en marcha una transformación total en mi vida, en cada parte, persona y actividad. Esperaba que fuera un trabajo penoso y triste por completo, pero a medida que avanzaba en mi compromiso a fin de cultivar un corazón de oración, me sorprendía por las bendiciones que comenzaban a florecer en mi corazón. Como un himno favorito nos dice a ti y a mí: «¡Bendiciones, cuántas tienes ya!». ¿Y el resultado? «Te sorprenderás cuando veas lo que Dios por ti hará»[3].

Padre de las oraciones contestadas...

Te alabo porque puedo acudir a ti.

Permite que mis oraciones hagan eco en tu corazón,

que mis deseos reflejen tu voluntad.

Palabras de Aliento para tu Hogar

La mujer sabia edifica su casa.

Observa minuciosamente

cuanto sucede en su casa.

PROVERBIOS 14:1 Y 31:27 (LBD)

Conviértete en una ayudadora

Dios el Señor dijo: «No es bueno que el hombre esté solo.

Voy a hacerle una ayuda adecuada».

GÉNESIS 2:18

ra un soleado día de otoño en la universidad de Oklahoma. Mientras me apresuraba hacia mi primera clase después del almuerzo, me fijé en él de nuevo. Parecía que cada lunes, miércoles y viernes se cruzaban nuestros caminos dado que él, también, iba deprisa hacia su clase. Su nombre, Jim George, era desconocido para mí en ese tiempo, pero parecía muy agradable, guapo, ¡y me encantaba su sonrisa! Pues bien, era evidente que él se fijaba también en mí, pues pronto un amigo mutuo nos presentó.

Eso fue en noviembre de 1964. Nos comprometimos en el Día de los Enamorados, y nuestra boda se celebró el primer fin de semana después de terminar los estudios, el 1 de junio de 1965. Eso fue hace treinta y cinco años, y me encantaría poder decir: «Eso fue hace treinta y cinco años maravillosos, dichosos y felices», pero no puedo. Verás, Jim y yo comenzamos nuestro matrimonio sin Dios, y eso significa tiempos difíciles. Desde el principio andábamos a tientas, discutíamos y nos desilusionábamos el uno al otro. Debido a que no podía encontrar satisfacción en nuestro matrimonio, nos volcábamos en causas, amigos, pasatiempos y actividades intelectuales. El tener dos hijas tampoco llenaba el vacío que sentíamos los dos. Nuestra vida matrimonial fue una monotonía durante ocho frustrantes años hasta que, por un acto de la gracia de Dios, nos convertimos en una familia cristiana, una familia centrada en Jesucristo como la cabeza, una familia con la Biblia para guiarnos.

Tenía mucho que aprender sobre ser una mujer, una esposa y una madre que agradara a Dios, y como comencé leyendo la Biblia de principio a fin, Dios se dispuso a trabajar en mi transformación. Pronto me encontré con la primera tarea de mi misión como esposa cristiana: Debía servir a Jim. Marqué estas palabras en mi Biblia: «No está bien que el hombre esté solo. Voy a hacerle alguien que lo acompañe y lo ayude» (Génesis 2:18, RV-60). Desde ese día hasta hoy, cada mañana le hago estas dos preguntas a Jim:

«¿Cómo puedo ayudarte hoy?»

«¿Cómo puedo ayudarte a hacer mejor uso de tu tiempo hoy?»

Deseo llegar a ser una mejor ayudadora. ¿Qué me dices de ti?

Padre de toda creación...

Gracias por mi sublime papel de «ayudadora».

Permite que siga los sagrados pasos de tu Hijo,

quien vino a servir... no a que lo sirvieran.

Amorosa con tus personas muy importantes

Las mujeres más jóvenes [deben] amar a sus [...] hijos.

Tito 2:3-4 (TLA)

*B*ien avanzada la tarde apuraba a mis dos pequeñas a subir al auto a fin de llevarle una comida a la «Sra. X» que acababa de tener un bebé. Durante todo el día me esforcé en la comida para esta mujer que necesitaba la ayuda de la gente de la iglesia, una mujer que ni siquiera conocía. Cocí al horno un jugoso y rosado jamón, confeccioné una ensalada de gelatina prensada en un bonito molde, cocí al vapor vegetales de gran colorido y el toque final de todo fue mi postre más especial. Mientras salíamos por la puerta del frente, Katherine y

Courtney querían saber para quién era la comida. Bajé a su altura la bandeja arreglada de manera hermosa y aproveché esta oportunidad para enseñarles acerca de la generosidad cristiana. Les expliqué: «La Sra. X tuvo un bebé y le vamos a llevar la cena a su familia para que ella pueda descansar después de estar en el hospital».

Eso parecía bueno... hasta que mis hijas preguntaron: «¿Qué vamos a tener nosotros para la cena?». Cuando dije que tendríamos macarrones con queso y perritos calientes (¡de nuevo!), de repente me sentí culpable de mis erróneas prioridades. Había puesto a otra persona, a la Sra. X, por delante de mi propia familia. Había recorrido muchas millas extra para hacer la comida que le llevaba a alguien que jamás había visto, pero estaba improvisando algo rápido y fácil para mi esposo e hijas, las personas más importantes dadas por Dios. En conclusión, le daba algo a otra persona que no le había dado antes a las personas que tenía más cerca de mí. Fallaba al honrar primero a mi familia.

A partir de ese momento, he hecho la misma comida para mis seres amados, personas años luz más amadas para mí de lo que será cualquier otra persona, que la que hago cuando realizo una buena obra. Y cuando llevo un plato para una comida informal, hago dos de ellos. Cuando llevo un postre para alguna reunión, lo llevo sin dos o tres pedazos, los que les dejo para mis personas muy importantes, como muestra de mi amor por ellos, como muestra de su lugar de preferencia en mi corazón.

¿A quién le muestras preferencia?

Padre que estás en el cielo...
Tu hijo Jesús tomó tiempo para bendecir a los pequeños
que fueron a Él. Permite que yo demuestre
tal corazón de amor por mis personas muy importantes.

Honra a tus hijos

He aquí, herencia de JEHOVÁ son los hijos;

cosa de estima el fruto del vientre.

SALMO 127:3 (RV-60)

Nunca olvidaré el día en que aconsejaba por teléfono a una madre respecto a las difíciles relaciones que tenía con su hija adolescente. Habíamos hablado bien más de veinte minutos cuando la escuché decir: «Ah, hola, mi amor». Cuando le pregunté: «¿Hay alguien allí?», esta madre dijo con frialdad: «Bah, es solo mi hija». Eran las tres y media de la tarde. Esta hija, esta «solo mi hija», se había ido a las siete de la mañana ese día. La madre no había visto a su hija por más de ocho horas, y todo lo que su hija consiguió fue: «Ah, hola, mi amor». Era un caso claro de cita doble al estar conmigo en el teléfono cuando sabía que su hija, la única con que tenía problemas, acababa de llegar a casa. Nos envió un mensaje de que yo era más importante que la hija que le regaló Dios.

Ahora bien, déjame contarte de otra madre que mi amiga Beverly y yo admiramos como cristiana, esposa y madre. Cuando llamamos por teléfono para programar una reunión, nos invitó a un estupendo almuerzo que disfrutamos sentadas a la mesa de su cocina. Desde nuestra mesa dentro, sin embargo, divisamos otra mesa afuera en su patio, una que estaba puesta con salvamanteles y servilletas almidonadas de lino, flores recién cortadas en un florero, dos cucharas de plata excelente, dos platos de loza y dos copas de cristal para agua helada. Esa encantadora mesa se había puesto en honor de su hija adolescente y muchísimo antes de que llegara de la escuela. Esta considerada y amorosa mamá tenía dos postres más en dos copas altas de cristal a la espera en el refrigerador, ¡y hacía algo como esto cada día! Y en esos días cuando tenía que irse cuando su hija llegaba a casa, le dejaba una nota de amor en la mesa puesta y algo especial en el refrigerador.

A las dos y media, esta sabia madre, una que comprendía sus prioridades, comenzó a despedirnos deprisa en la puerta porque iba a venir alguien más especial. Con amabilidad dijo: «Bueno, lamento que tengamos que terminar esto, pero espero a mi hija que llega a casa en quince minutos, y ese es nuestro tiempo especial». ¡No estaba dispuesta a perder ni un segundo de su precioso tiempo con su hija con una cita doble al tenernos allí también! Nos había dado el regalo del tiempo enriquecedor y que cambia la vida a Beverly y a mí, pero nuestra anfitriona vivía en verdad sus prioridades. Sabía dónde enfocar sus esfuerzos.

Ahora bien, ¿cómo honrarás a tus hijos hoy?

Padre de toda bendición...

Gracias por el regalo de los hijos...

tanto los míos como los de otras.

Lléname con tu amor y gozo mientras los honro,

les sirvo y los preparo para ti.

Palabras amables para dar alas al corazón

Cuando habla, lo hace con sabiduría;

cuando instruye, lo hace con amor.

PROVERBIOS 31:26

*U*n día una amiga mía reveló mucho sobre su vida hogareña (y su corazón) mientras les advertía a mamás más jóvenes: «¡Solo esperen! ¡Es terrible tener adolescentes!».

Cuántas gracias le doy a Dios por Betty, un marcado contraste a mi amiga. Betty nunca falló al hablar de manera positiva y entusiasta sobre los años de crianza de sus hijos. Me preguntaba: «¿Qué edad tienen las niñas ahora?». Cuando le respondía: «Nueve y diez años», ella exclamaba: «Ah, ¡recuerdo cuando mis muchachos tenían nueve y diez años! ¡Esos fueron años maravillosos!». Años más tarde, cuando mi respuesta a su misma pregunta fue: «Trece y catorce años»,

Betty exclamaba de nuevo: «Ah, ¡recuerdo cuando mis mucha-chos tenían trece y catorce años! ¡Esos fueron años maravillo-sos!». No importa la edad que tuvieran Katherine y Courtney, Betty veía los años maravillosos. Ah, estoy segura que se enfrentaba a los retos comunes, pero Betty era una madre cuyo corazón estaba lleno de afecto maternal por sus mucha-chos, cuyo hogar estaba lleno de diversión, cuyo corazón era positivo en cuanto a la tarea que le asignaba Dios, y cuyos labios guardaban respetuoso silencio respecto a cualquier difi-cultad.

Una de las soluciones de Dios para los retos que enfrenta-mos en la crianza de los hijos (los hijos que Él nos da y los retos que Él sabe que enfrentamos mientras los preparamos) es el de la «anciana» en la iglesia. Por lo tanto, te animo a desarrollar una relación con una mujer un poco mayor que tú, una mujer como Betty que puede ayudarte y animarte. Conversa con ella, y con Dios, sobre la crianza de los hijos. Hazles a ella y al Señor tus preguntas sobre cómo cumplir esa tremenda responsabilidad y privilegio bendito con un corazón de cariño por tus hijos.

¿Y qué me dices si tú misma eres un poco mayor? Por favor, asume tu papel como «anciana». Transmite lo que sabes ahora. Revela tu sabiduría. Deja que tus palabras amables nutran y animen el corazón de una luchadora mamá joven.

Padre de toda sabiduría...
Permite que mis palabras puedan estar
llenas de tu sabiduría y ternura. Ayúdame a dejar como
enseñanza tu bondad a otros, a hablar amables palabras
de instrucción para los corazones heridos.

Un santuario llamado hogar

Con sabiduría se construye la casa;

con inteligencia se echan los cimientos.

Con buen juicio se llenan sus cuartos

de bellos y extraordinarios tesoros.

PROVERBIOS 24:3-4

*U*na noche a la hora de irse a la cama, justo antes de que apagara la luz, leí esta encantadora descripción de un hogar escrita por Peter Marshall, ex capellán del Senado de los Estados Unidos. Quizá abra tus ojos y toque tu corazón como lo hizo al mío.

En la primavera tuve el privilegio de visitar un hogar que fue para mí, y estoy seguro que para sus ocupantes, un pedacito de

cielo. Había belleza allí. Había una intensa apreciación de las cosas
más adecuadas de la vida, y una atmósfera en la que era imposible
dejar de pensar en Dios.

La habitación era brillante, blanca y limpia, así como acogedo-
ra. Había muchas ventanas. Las flores prosperaban en macetas y
búcaros, añadiendo fragancia y belleza. Los libros alineados en una
pared, buenos libros, inspiradores e instructivos, buenos libros,
buenos amigos. Tres jaulas de pájaros colgaban en el brillo y el color
de este hermoso santuario, y las aves cantoras expresaban su
agradecimiento al cantar como si estallaran sus pequeñas gargantas.

La música de la naturaleza, la belleza de la naturaleza, la paz
de la naturaleza [...] Me parecía una clase de paraíso que bajaba,
un oasis encantado... un hogar[4].

Lo que me conmovió, aparte de la belleza de esta imagen,
fue darme cuenta que mi hogar (y el tuyo) puede ser un
pedacito de cielo, un tipo de paraíso, para mi querida familia
y para todo el que entre en su santuario. Mientras me quedaba dormida esa noche, soñé en hacer de mi hogar un lugar de
hermosura, un santuario, un hogar en el que fuera imposible
dejar de pensar en Dios.

Estoy segura de que tú tienes el mismo sueño.

Padre de toda belleza...
Gracias por tu promesa de un hogar en el cielo.
Mientras espero por el paraíso,
permite que haga de mi hogar terrenal
un pedacito de cielo en la tierra.

Anhelo por el hogar

Sabemos que si esta tienda de campaña
en que vivimos se deshace, tenemos de Dios
un edificio, una casa eterna en el cielo,
no construida por manos humanas.

2 CORINTIOS 5:1

Como el centro de la vida familiar, el hogar ministra a nuestra familia mucho más de lo que podemos imaginarnos. Recuerdo una vez en que mi esposo dejó bien en claro este hecho. Había tenido «uno de esos días» que lo ponen a prueba hasta el límite absoluto. En ese tiempo, Jim era seminarista y abandonó el estacionamiento de la iglesia a las cinco de la mañana para asistir a clases y predicar su sermón de graduación. Después del viaje de ida y vuelta por el tránsito del centro de Los Ángeles, tuvo que oficiar en un funeral y en el culto en el cementerio para ayudar a una mujer que, sin tener ayuda para enterrar a su esposo, llamó a la iglesia el día que Jim era el «pastor del día». Todo esto lo coronó una reunión a última hora en la iglesia.

Tenía la luz del portal encendida y vigilaba por la ventana de la cocina mientras esperaba a Jim. Cuando al fin llegó a la puerta del frente, no entró, en cierto modo se desplomó, a punto de caer mientras abría la puerta. En el camino, mi exhausto esposo dijo suspirando: «Todo el día lo pasé diciéndome: "Si solo pudiera llegar a casa, todo estaría bien"».

«Si solo pudiera llegar a casa, todo estaría bien». ¡Qué bendición sería si cada miembro de tu familia y la mía supiera que existe un lugar en la tierra donde todo estará bien! A decir verdad, el hogar sería un lugar seguro y un refugio para ellos, un hospital. Y qué valiosa meta para nosotras es forjar el tipo de hogar que fortalezca y renueve a cada uno en la familia. La señora de Dwight Eisenhower tenía esa meta para su famoso esposo y presidente de los Estados Unidos: Quería forjar un hogar donde él «perteneciera al mundo de ella, un mundo que alegrara la vida familiar en el que no hubiera presiones»[5]. ¡Imagina tal refugio!

Amada, todo el mundo anhela un hogar, tanto un hogar celestial, así como un hogar físico en la tierra. ¿No te esforzarías, al abrir tu corazón y tu hogar, y les ofrecerías un pedacito de cielo a tus amigos y seres queridos?

Padre de toda protección...
Gracias por el privilegio de ser una constructora de hogar.
Permite que el hogar que forje
sirva a otros como un refugio de fortaleza
y un lugar de seguridad en tiempos difíciles.

Administración del hogar:
¡A la manera de Dios!

Observa minuciosamente

cuanto sucede en su casa,

y jamás está ociosa.

PROVERBIOS 31:27 (LBD)

*P*iensa por un momento en la sensación que experimentas cuando entras a una habitación de hotel. ¿Qué te recibe? El orden. La quietud. La limpieza. Todavía puedes ver las marcas de la aspiradora en la alfombra. La primera hoja del papel higiénico la doblaron en la punta. Sin televisor ni estéreo que suenen con gran estruendo. Reina el orden. Alguien hizo el trabajo de administración eficaz, y sus esfuerzos hacen de la habitación un santuario.

Un día Jim y yo nos despedimos de un lugar así. Nos quedamos en un hotel durante seis días mientras a Jim lo procesaban en la comandancia del ejército de Los Alamitos para cinco meses de servicio activo. Jim está en el ministerio, pero ha sido oficial de farmacia en la reserva del ejército de Estados Unidos desde la universidad. Esta fue nuestra primera vez para la activación y movilización en más de treinta años. Pues bien, Los Alamitos estaba muy lejos de nuestro hogar para hacer los viajes de ida y vuelta durante seis días. Por lo tanto, nos quedamos en el hotel. Y todo el tiempo que estuvimos allí, tenía esa sensación de orden a pesar de que este era un momento de gran caos para nuestra familia.

Cuando salimos, la recepcionista me dio una tarjeta para que la llenara, a fin de evaluar las instalaciones y el servicio que recibimos durante nuestra estancia. Fue un placer dar la máxima puntuación en cada aspecto. Nos atendieron muy bien. Los empleados del hotel suplieron nuestras necesidades mientras se ocupaban de nuestra habitación y nuestros alimentos, ¡incluso haciéndome un descuento de treinta por ciento en las comidas!

Mientras llenaba la tarjeta de evaluación, me preguntaba cómo el Señor, y mi familia, calificaría mi servicio, mis comidas y mi administración. Con la gracia del Señor y con las habilidades administrativas que he aprendido y practicado a través de los años, me estoy superando. ¡Trabajo según la costumbre de Dios!

Padre de todo orden...
Tus costumbres son perfectas, seguras e inmutables.
Crea en mí un deseo de trabajar duro,
seguir tus instrucciones y llevar a cabo
con fidelidad mis responsabilidades en el hogar.

Teje un tapiz de belleza

Gustosa trabaja con sus manos.

PROVERBIOS 31:13

*J*ane es una mujer asombrosa, y es evidente que es una mujer conforme al corazón de Dios. Aunque somos de la misma edad, parece que posee la sabiduría de una mujer veinticinco años mayor que yo. Mientras la observaba, veía una piedad que hablaba de su relación con Dios cultivada de manera cuidadosa. Cuando vi a Jane con su esposo, me percaté de una mujer que ayudaba, respetaba y amaba a su

cónyuge. Y sus dos muchachos en edad preescolar eran obedientes, educados y, sin dudas, ¡estaban bajo control!

Al final, encontré el valor para llamar a Jane y pedirle que
nos reuniéramos. Le encantó la idea (lo pude escuchar en su
voz). ¿Y sabes dónde quiso que nos reuniéramos? En su
hogar donde, como su ama, todo estaba limpio, impecable,
eficiente, pulcro y en orden. (Nota que no dije en «un grande
y suntuoso lugar»).

Alabo al Señor por ese tiempo que Jane pasó conmigo
porque me dio las orientaciones iniciales y el empuje a fin de
que me dedicara a tejer mi propio tapiz de belleza, mi tapiz

del hogar. Primero hablamos largo y tendido sobre su vida devocional. Además, me dijo con exactitud lo que estudió y cómo lo hizo, me mostró dónde estudió y me permitió darle un vistazo a su diario de oración.

Después hablamos sobre el matrimonio. Me sugirió una lista de los mejores libros a leer y, repito, me dijo en detalles cómo trataba de servir a su esposo. Lo mismo hizo con sus hijos. Jane me enseñó su secreto para sus principios personales y bíblicos de la disciplina, la preparación y el amor en el hogar.

Por último, abordamos el asunto del hogar en sí, y recibí una gratificación en verdad. Jane me dio un recorrido por su pequeña casa, abriendo alacenas, cajones, armarios y puertas. Me quedé muda. ¡Era evidente que el interior de su casa no se parecía al interior de la mía! Y no me malinterpretes. Jane no alardeaba ni se jactaba. Me enseñaba. Me mostraba un sistema que le daba resultados. Me mostraba cómo se ocupaba de su hogar en el menor tiempo posible.

¡Tú no puedes poner un precio a una lección como esa! Lo recibí todo, lo escuché todo y lo vi todo. Sin lugar a dudas, esas pocas horas con Jane fueron de las que cambian la vida.

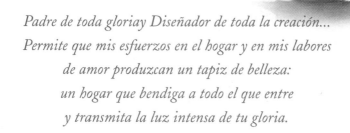

Padre de toda gloria y Diseñador de toda la creación...
Permite que mis esfuerzos en el hogar y en mis labores
de amor produzcan un tapiz de belleza:
un hogar que bendiga a todo el que entre
y transmita la luz intensa de tu gloria.

Notas

1. Traducción libre de la versión *The Amplified Bible*, Zondervan Bible Publishers, Grand Rapids, MI, 1965, p. 302.
2. Extraído de Pat King, *How Do You Find the Time?*, Aglow Publications, Edmonds, WA, 1975, página desconocida.
3. «*Cuando combatido por la adversidad*», Himnario de Alabanza Evangélica, #236, letra de Johnson Oatman, h., 1897, traducción anónima. © Copyright 1978, Editorial Mundo Hispano, El Paso, TX
4. Catherine Marshall, *A Man Called Peter*, McGraw-Hill, Nueva York, 1961, p. 65.
5. Julie Nixon Eisenhower, *Special People*, Ballantine Books, Nueva York, 1977, p. 209.